CANTIQUES

POUR LES FÊTES

DE

LA SAINTE-ENFANCE

PAR L'ABBÉ E. LANDAU

VICAIRE DE LA MADELEINE

ET SOUS-DIRECTEUR DE L'ŒUVRE A VENDÔME

*Juvenes et virgines, senes cum ju-
nioribus, laudent nomen Domini.*

Jeunes gens et jeunes filles, enfants et vieillards, louez le nom du
Seigneur.   Ps. CXLVIII, 12.

Se vend au profit de l'Œuvre

A PARIS

BUREAUX DE LA SAINTE-ENFANCE

Rue du Bac, 60, passage Sainte-Marie

CANTIQUES

POUR LES FÊTES

DE

LA SAINTE-ENFANCE

Se vend au profit de l'Œuvre :

A PARIS

BUREAUX DE LA SAINTE-ENFANCE,

Rue du Bac, 60, passage Sainte-Marie.

CANTIQUES

POUR LES FÊTES

DE

LA SAINTE-ENFANCE

PAR L'ABBÉ E. LANDAU

VICAIRE DE LA MADELEINE
ET SOUS-DIRECTEUR DE L'OEUVRE A VENDÔME.

Juvenes et virgines, senes cum junioribus, laudent nomen Domini.

Jeunes gens et jeunes filles, enfants et vieillards, louez le nom du Seigneur. Ps. CXLVIII, 12.

TOURS

IMPRIMERIE Ad MAME ET Cie

—

1860

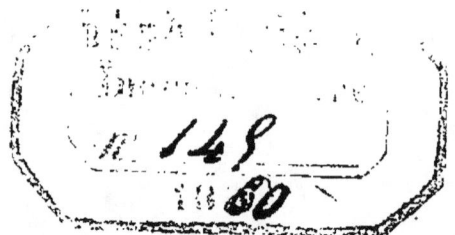

APPROBATION

DE MGR L'ÉVÊQUE D'ARRAS, DE BOULOGNE ET DE SAINT-OMER.

Nous, Évêque d'Arras, Président du conseil central de *la Sainte-Enfance*, d'après le rapport qui nous a été fait sur un recueil de cantiques pour les Fêtes de cette œuvre, par M. E. Landau, vicaire à Vendôme, estimons qu'il est propre à entretenir la piété des enfants et désirons qu'il soit répandu surtout parmi eux.

Donné à Arras, le 1er jour du Mois de Marie 1860.

✝ P. L.,

Évêque d'Arras, de Boulogne et de Saint-Omer.

————————

Mgr l'Évêque de Blois, ayant permis l'approbation des *Cantiques pour les Fêtes de la Sainte-Enfance*, voici la lettre bienveillante que nous avons reçue de M. l'abbé Morisset, vicaire général du diocèse.

MON CHER ABBÉ,

J'ai lu avec beaucoup d'attention et d'intérêt vos chants religieux pour les *Fêtes de la Sainte-Enfance*. Je les crois dignes de la publicité. La poésie est facile, agréable et pure; les sentiments sont pieux; le style est bien à la portée du jeune âge. Je vous accorde très-volontiers mon approbation. J'ai la persuasion que ces chants pieux contribueront à entretenir la dévotion à la Sainte-Enfance de Jésus dans le cœur des jeunes associés; la musique étant d'ailleurs, comme vous le dites, douce, facile, mélodieuse et en harmonie avec les sentiments exprimés par les paroles.

Agréez, mon cher Abbé, l'assurance de mes sentiments bien affectueux et tout dévoués en N.-S.

E. MORISSET, Vicaire général.

Évêché de Blois, 14 avril 1860.

AUX ASSOCIÉS DE LA SAINTE-ENFANCE

« Jeunes gens et jeunes filles, enfants et vieillards, louez le nom du Seigneur! » Cette épigraphe, tirée du Psalmiste et placée en tête de ce petit Recueil, montre la pensée douce et grave à la fois qui nous l'a inspiré.

Dieu a béni l'œuvre de la Sainte-Enfance : ses fêtes sont partout populaires ; mais il n'y a pas de belles fêtes sans chants religieux, et voilà pourquoi nous avons conçu le dessein de composer ces modestes cantiques. C'est à vous, chers Associés, qu'ils appartiennent. Vous pourrez maintenant répondre à l'invitation du Seigneur. Chantez donc la bonté, les vertus, l'innocence et les bienfaits de l'enfant Jésus! Ah!

puissent ces humbles cantiques vous le faire aimer davantage, et resserrer de plus en plus les liens qui rattachent vos jeunes cœurs à l'œuvre de sa prédilection et de sa charité! Ce sont de simples et douces prières qui auront du moins le mérite d'attirer sur nous tous la grâce divine et les célestes faveurs : c'est la seule récompense que nous espérons, vous de vos pieuses largesses, et nous de notre humble travail.

Les airs des cantiques sont tirés du R. P. Lambillotte, auteur aussi facile que populaire, et dont le nom seul est une recommandation. Vous les trouverez indiqués à la table.

LAUDETUR JESUS CHRISTUS!

CANTIQUES

POUR LES FÊTES

DE LA SAINTE-ENFANCE

POUR L'OUVERTURE DE LA FÊTE.

Salut, mystérieux asile,
Aimable séjour de la paix !
Une heure ici vaut mieux que mille
Au sein des plus riches palais.

REFRAIN.

Dans ces murs sacrés tout s'apprête
A charmer nos cœurs et nos yeux ;
Sur la terre c'est grande fête,
Plus grande fête dans les cieux !

Élevons jusqu'à notre Père
Et nos âmes et nos accents ;
Des petits enfants la prière
Est pour lui le plus doux encens.

Du trône où la foi te contemple,
Bénis, Seigneur, en ce beau jour,
L'œuvre d'amour qui nous rassemble ;
C'est l'œuvre aussi de ton amour.

Tu nous as dit dans l'Évangile :
— N'oubliez pas les malheureux !
Et voilà que, d'un cœur docile,
Nous venons te prier pour eux.

Ah ! reçois nos humbles louanges ;
Prête l'oreille à nos soupirs...
Souviens-toi, Seigneur, de ces anges
Dont les méchants font des martyrs !

Pitié, mon Dieu, pour le jeune âge ;
Sois le père des orphelins,
Et que ce beau jour leur présage
Des jours plus doux et plus sereins !

LES ENFANTS INFIDÈLES

AUX ENFANTS CHRÉTIENS.

Air : *Combien j'ai douce souvenance.*

Vous qui naissez au doux rivage
Où l'on respecte le jeune âge,

Voyez comme on lui jette ailleurs
L'outrage !
Frères, donnez à nos malheurs
Des pleurs !

Ah ! vous connaissez nos misères ;
Soyez nos anges tutélaires :
Pauvres petits, nous manquons tous
De mères !
Les vôtres ont des yeux pour vous
Si doux !

De Satan nous portons l'empreinte ;
Frères, écoutez notre plainte :
Nous attendons de vos bienfaits
L'eau sainte,
Et le monde où règne à jamais
La paix !

Si par votre modeste aumône
Vous nous gagnez une couronne,
Vous recevrez, enfants pieux,
Un trône !
Dieu promet aux cœurs généreux
Les cieux !

A JÉSUS.

Numquid oblivisci potest mulier infantem suum?
Et si illa oblita fuerit, ego tamen non obliviscar tui.

Une mère peut-elle oublier son enfant? Si elle
vient à l'oublier, moi je ne l'oublierai pas.

ISA., XLIX, 15.

REFRAIN.

Enfant, dont la main charitable
Bénissait toutes les douleurs,
Au nom de tes pleurs dans l'étable,
Des orphelins sèche les pleurs.

Souviens-toi que sur le Calvaire,
Victime d'un peuple insensé,
Tu disais comme eux : — O mon Père,
Pourquoi m'avez-vous délaissé?

Recueille l'enfant de la Chine
Et conduis-le dans son chemin;
Ne laisse pas croître l'épine
Sur le sentier de l'orphelin.

Le passereau de l'Évangile
Trouve un refuge protecteur;

Le nouveau-né n'a point d'asile,
Ouvre-lui les bras et ton cœur.

Donne-lui quelqu'un de ces Anges
Qui t'adorent, divin Agneau,
Pour le réchauffer dans ses langes
Et l'endormir dans son berceau.

Doux Jésus, daigne lui sourire ;
Adopte-le dans ton amour,
De peur qu'il ne vienne à maudire
Le malheur d'avoir vu le jour !

Sur son âme, coupable encore,
Répands le trésor précieux
De cette onde qui fait éclore
D'immortelles fleurs pour les cieux.

Conserve sa frêle jeunesse
Pure de toute iniquité,
Ou s'il meurt, qu'au moins il renaisse
Au bonheur de l'éternité !

A MARIE.

Ecce Mater tua.
Voilà votre Mère.
JOAN., XIX, 27.

Patronne de la Sainte-Enfance,
Refuge des abandonnés,
Ah! daignez prendre la défense
Des pauvres petits nouveau-nés.

La fureur d'un peuple infidèle
Sans pitié va trancher leurs jours;
Conservez-les, vous qu'on appelle
Notre-Dame-de-bon-Secours!

Veillez sur eux, Vierge Marie,
Et protégez leur doux sommeil;
Relevez chaque fleur flétrie
Qui n'a pas sa place au soleil.

Souvent une main mercenaire
Les échange pour un peu d'or!
O ciel! ô nature!... une mère
Vendre son plus riche trésor!

Vierge si pleine de tendresse,
Nous vous demandons en ce jour
D'abriter tous ceux qu'on délaisse
Sous le manteau de votre amour :

Et si le ciel a besoin d'Anges,
Ouvrez à ces pauvres petits
Les rangs de vos saintes phalanges,
Douce reine du paradis.

A SAINT JOSEPH.

Ite ad Joseph.
Allez à Joseph.
Gen., XLI, 55.

Du sein des terres étrangères,
Les orphelins nus et tremblants
Font monter vers toi leurs prières :
Oh ! prends pitié de ces enfants !

Toi que Jésus nomma son père,
Au nom de tous les soins touchants
Dont tu l'entouras sur la terre,
Oh ! prends pitié de ces enfants !

Toi qui l'enveloppas de langes,
Mêlant les larmes et les chants
Aux célestes concerts des Anges,
Oh ! prends pitié de ces enfants !

Toi qui d'un seul mot de ta bouche
Apaisais ses cris déchirants,
Quand tu le berçais dans sa couche,
Oh ! prends pitié de ces enfants !

Toi dont la main bénit les Mages
Et reçut pour lui leurs présents,
Doux emblèmes de leurs hommages,
Oh ! prends pitié de ces enfants !

Toi dont l'œil se gonfla de larmes
Quand un vieillard aux cheveux blancs
T'annonça des jours pleins d'alarmes,
Oh ! prends pitié de ces enfants !

Toi dont l'active obéissance,
Trompant le glaive des méchants,
Protégea sa frêle existence,
Oh ! prends pitié de ces enfants !

Toi qui le cherchas dans l'enceinte
Où ses premiers enseignements

Répandaient la parole sainte,
Oh ! prends pitié de ces enfants !

Toi dont la main toujours féconde
A nourri dans ses jeunes ans
Le Dieu qui fait vivre le monde,
Oh ! prends pitié de ces enfants !

Toi qui pus le voir et l'entendre.
Ce noble ami des cœurs souffrants,
Au nom de sa bonté si tendre,
Oh ! prends pitié de ces enfants !

L'ANGE GARDIEN.

Angelus ejus comitetur vobiscum.
Que son ange vous accompagne toujours.
Tob., v, 21.

Enfant, qu'une mère infidèle
Laisse sans guide et sans soutien,
Qui te prendra sous sa tutelle ?...
C'est lui le bon Ange gardien.

Dans ton rude pèlerinage,
O pauvre petit, ne crains rien ;

Quelqu'un veut être du voyage,
C'est lui le bon Ange gardien.

Un céleste ami te réclame,
Un tendre cœur vit pour le tien,
Une belle âme pour ton âme,
C'est lui le bon Ange gardien.

Qui te conduira dans l'enceinte
Où l'âme du nouveau chrétien
Reçoit la vie avec l'eau sainte?
C'est lui le bon Ange gardien.

Qui conservera sans souillure
Au milieu d'un monde païen
Ta robe si blanche et si pure?
C'est lui le bon Ange gardien.

Qui recueillera ta prière,
Ton seul trésor et ton seul bien,
Pour la porter au commun Père?
C'est lui le bon Ange gardien.

Qui ranimera ton courage,
Et, cachant ton cœur dans le sien,
Te soutiendra pendant l'orage?
C'est lui le bon Ange gardien.

Et vers les rives éternelles,
Dans ton voyage aérien,
Qui t'emportera sur ses ailes?
C'est lui le bon Ange gardien.

AUX SAINTS INNOCENTS.

Salvete, flores martyrum.
Salut, fleurs des martyrs.

BREVIAR.

Heureux enfants,
Radieuses phalanges,
Vous avez fui le séjour des méchants ;
Et maintenant que vous êtes des anges,
Au sein de Dieu vous régnez triomphants,
Heureux enfants !

Joyeux élus,
Votre douce jeunesse
A reverdi sur ces bords inconnus,
Où le Seigneur la ravive sans cesse
A ce flambeau que la mort n'éteint plus,
Joyeux élus !

Saints Innocents,
Éblouissant cortége,
L'Agneau divin tressaille à vos accents ;
Et, sur ses pas, ravissant privilége,
Vous répandez les parfums et l'encens,
Saints Innocents !

Au paradis
Où Dieu vous récompense,
Vous effeuillez les roses et les lis,
Fleurs du martyre et fleurs de l'innocence,
Double trésor dont nous saurons le prix
Au paradis.

N'oubliez pas
Qu'aux terres étrangères,
D'autres enfants dévoués au trépas,
Et comme vous massacrés par leurs frères,
En gémissant vous ont tendu les bras !
N'oubliez pas !

Beaux Chérubins
Que la gloire environne,
De la Patrie ouvrez-leur les chemins,
Et préparez vous-mêmes la couronne
Qu'ils veulent tous recevoir de vos mains,
Beaux Chérubins !

LE PATER

POUR L'ENFANT DE LA CHINE.

Pater noster qui es in cœlis...

> O toi dont la nature entière
> Bénit le nom mystérieux,
> Exauce notre humble prière,
> Père qui règnes dans les cieux !

Sanctificetur nomen tuum, adveniat regnum tuum...

> Qu'un jour sur l'infidèle rive
> Où l'on adore les faux dieux,
> Ton royaume éternel arrive,
> Père qui règnes dans les cieux !

Fiat voluntas tua, sicut in cœlo et in terra...

> Que toute âme te glorifie,
> Qu'au delà des mers, en tous lieux,
> Ta volonté soit accomplie,
> Père qui règnes dans les cieux !

Panem nostrum quotidianum da nobis hodie...

> Donne à l'enfant d'une autre terre
> Un peu de ce pain précieux,

Qu'hélas ! lui refuse sa mère,
Père qui règnes dans les cieux !

Et dimitte nobis debita nostra, sicut et nos dimitti-
mus debitoribus nostris...

Fais-lui grâce par le baptême,
Afin qu'un jour, bon et pieux,
Il sache pardonner lui-même,
Père qui règnes dans les cieux !

Et ne nos inducas in tentationem; sed libera nos a
malo. Amen.

Délivre son âme encor tendre
Des piéges cachés à ses yeux,
Où Satan voudra la surprendre,
Père qui règnes dans les cieux !

AVANT L'INSTRUCTION.

INVOCATION.

Veni, sancte Spiritus.
Venez, Esprit-Saint.
SEQUEN. PENTEC.

Vous qui savez des plus petits
Éclairer l'intelligence,

Ouvrez nos yeux et nos esprits,
Doux précepteur de l'enfance.

Dieu vrai, Dieu bon, nous venons tous
Nous former à votre école ;
Nourrissez-nous du miel si doux
De votre sainte parole.

Heureux l'enfant par elle instruit
Dès sa plus tendre jeunesse !
Au ciel il cueillera le fruit
Que Dieu donne à la sagesse !

POUR L'OFFRANDE DES LAYETTES.

Nudus, et cooperuistis me.
J'étais nu, et vous m'avez couvert.
MATTH., XXV, 36.

Seigneur, loin des rives de France
De pauvres petits enfants nus
Ont imploré notre assistance,
Et notre main les a vêtus.

Mais leur misère, hélas ! si grande,
Laisse encor place à ta bonté ;

Sans toi, Seigneur, que peut l'offrande
De notre faible charité?

O Dieu, qu'implore la nature,
Souviens-toi que de simples fleurs
Te doivent leur verte parure
Et leurs plus brillantes couleurs.

Tu donnes leur onde aux fontaines,
Et leurs plumes aux passereaux,
La pluie et la rosée aux plaines,
Et leur laine aux petits agneaux.

Ah! puisqu'en tous lieux, à toute heure,
Tout ce qui souffre est écouté,
Protége l'orphelin qui pleure,
Viens en aide à sa pauvreté!

C'est la main pure de l'enfance
Qui t'offre ces légers trousseaux :
Bénis, aimable Providence,
Le fruit de nos humbles travaux.

En échange et pour récompense,
Daigne nous conserver, Seigneur,
Cette robe de l'innocence
Dont rien n'égale la splendeur.

POUR
L'ÉLECTION DES PARRAINS ET MARRAINES.

CANTIQUE AVANT LE TIRAGE DES NOMS.

Accipe puerum istum, et nutri mihi.
Adoptez ces enfants, élevez-les pour moi.
Exod., II, 9.

REFRAIN.

De notre amour voici le gage :
Frères chéris , nous vous donnons
Au ciel un puissant Patronnage,
Sur la terre nos plus doux Noms.

Bientôt dans quelqu'humble chapelle',
Au bruit des célestes concerts,
Ces noms que l'urne d'or recèle,
Ces beaux noms vous seront offerts.

Ah ! si vos mères inhumaines
Sans pitié vous ferment leur cœur,
Qu'au moins des parrains et marraines
Vous adoptent dans le Seigneur !

Consolez-vous, tendres victimes,
Cette fête annonce un beau jour;

Le ciel vous arrache aux abîmes,
Dieu même vous rend son amour.

Oui, Celui qu'adore la terre,
Qu'on aime et bénit en tout lieu,
Enfants, deviendra votre père :
Notre Dieu sera votre Dieu !

Doux espoir, vous pourrez entendre
Un nom que notre cœur chérit ;
Le plus auguste et le plus tendre,
Le nom si doux de Jésus-Christ !

Échappés à l'idolâtrie,
Sauvés du glaive des païens,
Vous nous devrez deux fois la vie :
Comme enfants et comme chrétiens.

Que l'onde sainte vous inonde
Et lave votre iniquité !
Naguère vous naissiez au monde,
Renaissez pour l'éternité.

Au beau jour de votre baptême,
Dieu descendra dans votre cœur ;
Conservez le charme suprême
De l'innocence et du bonheur.

Oui, pour jamais fuyez la voie
Où s'égare l'homme pécheur ;
Enfants, gardez bien votre joie,
Lis purs, gardez votre blancheur !

POUR LA BÉNÉDICTION

DES ENFANTS.

Sinite parvulos venire ad me,
Laissez les petits enfants venir à moi.
MARC., X, 14.

Bénissez-nous...
Votre voix nous appelle ;
Vous avez dit, Seigneur : — Laissez-les tous,
Laissez venir ces petits sous mon aile !...
Et, pleins d'amour, nous accourons à vous ;
Bénissez-nous !

Bénissez-nous...
O Dieu, daignez sourire
A vos enfants rangés autour de vous ;
Votre bonté nous gagne et nous attire :
Divin Jésus, vos charmes sont si doux !
Bénissez-nous !

1*

Bénissez-nous,
Tendre ami du jeune âge :
De notre cœur votre cœur est jaloux ;
Aimable enfant, recevez-en l'hommage ;
Nous ne voulons appartenir qu'à vous ;
Bénissez-nous !

Bénissez-nous...
Que notre âme sans tache
Garde toujours ses parfums les plus doux ;
Ne souffrez pas que Satan vous l'arrache
Pour l'entraîner à jamais loin de vous !
Bénissez-nous !

Bénissez-nous...
Quand l'heure qui s'envole,
L'heure dernière aura sonné pour nous,
Daignez, Seigneur, selon votre parole,
Au Paradis nous placer près de vous !
Bénissez-nous !

LA GERBE DE RUTH.

De mane usque nunc stat in agro.
Elle resta tout le jour dans le champ.
RUTH, II, 7.

Quelle est cette femme étrangère
Qui s'en va le long des sillons
Cueillant d'une main si légère
Le riche trésor des moissons?

C'est Ruth la jeune Moabite,
Ruth, objet de soins si touchants,
Et que Booz lui-même invite
A venir glaner dans ses champs.

Voyez comme active à sa tâche,
Et le cœur plein d'un doux espoir,
Elle travaille sans relâche
Depuis le matin jusqu'au soir !

Ah ! c'est que sa pauvre famille,
Plaintive et mourante de faim,
Tourne les yeux vers sa faucille,
Et lui demande un peu de pain.

Dieu n'est point sourd à sa prière :
Épis par épis, grains à grains,
Bientôt une moisson entière
Finit par germer dans ses mains.

Ainsi, grâce à la Providence,
Notre offrande se change en or,
Et l'humble obole de l'enfance
Sou par sou devient un trésor.

Faites que ce trésor grandisse,
Seigneur, chaque jour sous vos yeux,
Et que notre gerbe mûrisse
Et pour la terre et pour les cieux !

PENDANT LA QUÊTE.

Date eleemosynam.
Faites l'aumône.
Luc., XI, 41.

REFRAIN.

Ah ! que le cri de la souffrance
Trouve un écho dans vos soupirs!
Ne repoussez pas l'innocence :
Pitié, pitié pour de pauvres martyrs !

Aux terres de l'idolâtrie
Qu'il est dur le sort de l'enfant !
Sa mère elle-même l'oublie ;
Pour lui point de patrie,
Et nul ne le défend !

Devant ses pas s'ouvre un abîme :
Sa vie est un désert sans eau ;
Il pleure, innocente victime,
Et ne sait pour quel crime
On l'étouffe au berceau.

Oh ! quel outrage à la nature !
Dieu ! quelle injure à ta bonté !
Ton innocente créature
Est jetée en pâture
Aux chiens de la cité.

O vous, dont la vie est un charme
Et l'avenir semé de fleurs,
Enfants, qui croissez sans alarme,
Réservez une larme
A de cruels malheurs.

Donnez, la charité console ;
Enfants, on vous demande peu :

Une prière et votre obole,
Et l'orphelin s'envole
Entre les bras de Dieu !

Pleurez, une larme est féconde,
Mais l'aumône fait des heureux ;
Qu'elle s'épande... c'est une onde
Qui coule sur le monde
Et rejaillit aux cieux !

LA MÉDAILLE DE LA SAINTE-ENFANCE.

Imago coram oculis meis.
Son image est toujours sous mes yeux.
JOB, IV, 16.

Chère image, doux emblème
De mon Jésus lui-même ;
Blanche étoile de mes jours,
Brille sur mon cœur qui t'aime,
Brille toujours !

Médaille de la Sainte-Enfance,
Bouclier du jeune chrétien,
Sois mon égide et ma défense,
Et ma lumière et mon soutien.

Combien ma médaille m'est chère !
Elle porte empreints à la fois :
Joseph, l'enfant Jésus, sa Mère ;
Ils semblent me parler tous trois !

Joseph avec sa fleur si belle
Me dit : — Lis, garde ta blancheur ;
Marie : — A l'ombre de mon aile,
Enfant, je cacherai ton cœur.

Et Jésus dans son doux langage :
— Imite ma docilité !
La vertu que j'aime à ton âge,
Enfant, c'est la simplicité !

Belle image, sainte médaille,
Parle-moi toujours, parle-moi :
Qu'à ta voix mon âme tressaille ;
Je ne veux écouter que toi !

Le ciel deviendra mon partage ;
Je suis du peuple des élus ;
J'en porte sur moi le doux gage,
C'est ma médaille, ô mon Jésus !

POUR LE DÉPART DE LA PROCESSION.

LA BANNIÈRE DE LA SAINTE-ENFANCE.

Hi sequuntur Agnum quocumque ierit.
Ceux-là sont appelés à suivre l'Agneau
partout où il va.　　APOC., XIV, 4.

REFRAIN.

Sous l'étendard qui vous protége
Venez, peuple, vierges, enfants ;
Déployez votre blanc cortége,
Chantez vos hymnes triomphants !

Venez, Anges de la prière,
Gardiens des célestes parvis ;
Descendez aussi, tendre Mère,
C'est l'étendard de votre Fils.

Venez, vous dont l'âme candide
Brille encor de toutes ses fleurs ;
C'est votre étoile et votre guide,
C'est le voile aux blanches couleurs.

Venez, vous dont le cœur respire
La céleste fraternité ;

Voyez, sa devise l'inspire :
— « Rançon, prière et charité ! »

Venez, vous que la Providence
Envoie auprès des orphelins,
Prêtres zélés de notre France,
Apôtres des climats lointains.

Partez, Dieu même vous appelle :
Ah ! recueillez, anges de paix,
L'enfant qu'une mère infidèle
Dans ses bras ne berça jamais.

La Chine de ses capitales
N'a pu vous fermer les chemins,
Et les tribus orientales
Lèvent déjà vers vous leurs mains.

Les déserts, les monts, les collines
Sous vos pas vont se transformer :
Au soleil des saintes doctrines
Bientôt le salut va germer.

Déjà notre modeste obole
Vous suit, vous devance en tout lieu :
Portez à d'autres la parole
Qui nous a faits enfants de Dieu.

Oui, plantez partout la bannière
Dont l'éclat pur charme nos yeux,
Et qu'un jour sa douce lumière
Nous montre le chemin des cieux !

LES ENFANTS DE LA FRANCE

AUX ENFANTS DE LA CHINE.

Fratres, orate pro nobis.
Frères, priez pour nous.
I Thess., v, 25.

REFRAIN.

Vos cruelles alarmes
Ont fait couler nos larmes ;
Notre amour vous a sauvés tous :
Priez pour nous, priez pour nous !

Ah ! priez, les vœux de l'enfance
Montent jusqu'au Seigneur ;
Priez, la voix de l'innocence
Est si puissante sur son cœur !

Priez pour la mère si bonne
Dont l'humble piété

Sait plier nos doigts à l'aumône
Et nos cœurs à la charité.

Priez pour ces prêtres fidèles,
    Anges que Dieu bénit,
Qui vont abriter sous leurs ailes
L'oiseau repoussé de son nid.

Priez pour que rien ne flétrisse
    Sur nos fronts purs encor
Cette couronne dont le vice
Voudra nous ravir le trésor.

Priez... Sur les sentiers du monde
    Nos pas vont s'engager,
Tristes lieux où le mal abonde,
Où les fleurs cachent un danger.

Priez pour que, dans l'autre vie,
    Heureux et triomphants,
Le Père commun nous convie
A la table de ses enfants!

LES ENFANTS DE LA CHINE.

PRIÈRE.

REFRAIN.

Nos cruelles alarmes
Ont fait couler vos larmes ;
Votre amour nous a sauvés tous :
Prions pour vous, prions pour vous !

Bénis, ô sainte Providence,
Nos jeunes bienfaiteurs ;
Répands sur eux dans ta clémence
Le doux trésor de tes faveurs.

Puisse chaque nouvelle aurore
Leur apporter toujours
Un bonheur qui dépasse encore
Le bonheur de leurs premiers jours !

Mets dans leurs âmes la justice ;
Qu'ils observent ta loi,
Et que leur jeunesse grandisse
Toujours plus belle devant toi.

Que leur vertu reste sans tache,
Dans un monde pervers,
Comme l'or qui brille et se cache
Dans la fange impure des mers.

Qu'ils retrouvent dans leur vieillesse
Des jours doux et sereins,
Et que les fils de leur jeunesse
Ne deviennent pas orphelins.

Qu'enfin dans la cour du grand Maître,
Au séjour de la paix,
Nos yeux puissent les reconnaître,
Nos cœurs les bénir à jamais !

LA VOIX INTÉRIEURE.

Audite vocem meam.
Écoutez ma voix.
JÉRÉM., XI, 4.

Enfants, que dit la voix intérieure,
La voix qui parle à vos cœurs ingénus
La nuit, le jour, en tous lieux, à toute heure ?
— Aimez Marie, enfants, aimez Jésus !

2

Que dit la voix, soutien de la faiblesse,
Lorsque, marchant par des sentiers ardus,
Vous rencontrez l'épine qui vous blesse?
— Aimez Marie, enfants, aimez Jésus !

Que dit la voix, quand la jeunesse folle,
Rêvant des jours de soie et d'or tissus,
Poursuit une ombre, une ombre qui s'envole?
— Aimez Marie, enfants, aimez Jésus !

Petits enfants, que dit la voix jalouse,
Quand votre oreille, hélas! ne l'entend plus,
Et que déjà votre cœur la repousse?
— Aimez Marie, enfants, aimez Jésus !

Petits enfants, que dit la voix austère
Quand le remords dans vos cœurs abattus
Vous fait sentir sa pointe salutaire?
— Aimez Marie, enfants, aimez Jésus !

Écoutez-la, cette voix paternelle,
Et vous pourrez au palais des élus
L'entendre encore incessante, éternelle:
— Aimez Marie, enfants, aimez Jésus !

POUR UNE LOTERIE.

Missa est sors in urnam.
Le sort est jeté dans l'urne.
ESTHER, IX, 7.

REFRAIN.

La loterie est toute sainte ;
Enfants, répondez à l'appel !
On ne perd pas, soyez sans crainte :
Tout billet gagnera le ciel !

Voyez quel brillant étalage
Sur ces gradins semés de fleurs ;
Le sort vous promet ses faveurs,
Et veut que chacun les partage.

Que l'un à l'autre soit utile ;
C'est le précepte du Seigneur :
La charité mène au bonheur,
Comme nous l'apprend l'Évangile.

Donner à l'enfant qu'on délaisse
Baptême, asile, vêtements,
Voilà les prodiges charmants
Que produira votre largesse !

Le Dieu qui protége l'enfance
Ne laisse personne au besoin :
C'est à vous qu'il donne le soin
De seconder sa Providence.

Le prix d'une légère offrande,
Dieu le paîra de son amour;
Ah ! faites le bien pour qu'un jour
Au Paradis il vous le rende !

PRIÈRES DIVERSES

―∞―

LITANIES DU SAINT ENFANT JÉSUS.

Kyrie eleison.
Christe eleison.
Jesu infans, audi nos.
Jesu infans, exaudi nos.
Pater de cœlis Deus,   miserere nobis.
Fili, Redemptor mundi Deus,   mis.
Spiritus sancte Deus,   mis.
Sancta Trinitas unus Deus,   mis.
Infans, Jesu Christe,   mis.
Infans, Deus vere,   mis.
Infans, Fili Dei vivi,   mis.
Infans, fili Mariæ Virginis,   mis.
Infans, ante luciferum genite,   mis.
Infans, Verbum caro factum,   mis.

Infans, sapientia Patris,   miserere nobis.

Infans, integritas Matris,   mis.

Infans, Patris unigenite,   mis.

Infans, Matris primogenite,   mis.

Infans, imago Patris,   mis.

Infans, origo Matris,   mis.

Infans, Patris splendor,   mis.

Infans, Matris honor,   mis.

Infans, æqualis Patri,   mis.

Infans, subdite Matri,   mis.

Infans, Matris deliciæ,   mis.

Infans, donum Patris,   mis.

Infans, munus Matris,   mis.

Infans, partus virginis,   mis.

Infans, Creator hominis,   mis.

Infans, virtus Dei,   mis.

Infans, forma servi,   mis.

Infans, Deus noster,   mis.

Infans, viator in gloria,   mis.

Infans, comprehensor in via,   mis.

Infans, vir ab utero,   mis.

Infans, senex a puero,   mis.

Infans, pater sæculorum,   mis.

Infans, aliquot dierum,   mis.

Infans, vita lactens,   mis.

Infans, verbum silens,   miserere nobis.

Infans, vagiens in cunis,   mis.

Infans, fulgurans in cœlis,   mis.

Infans, terror inferni,   mis.

Infans, jubilus paradisi,   mis.

Infans, tyrannis formidabilis,   mis.

Infans, magis desiderabilis,   mis.

Infans, exul a populo,   mis.

Infans, rex in exilio,   mis.

Infans, idolorum eversor,   mis.

Infans, gloriæ Patris zelator,   mis.

Infans, fortis in debilitate,   mis.

Infans, thesaurus gratiæ,   mis.

Infans, fons amoris,   mis.

Infans, instaurator cœlestium,   mis.

Infans, reparator terrestrium,   mis.

Infans, caput angelorum,   mis.

Infans, radix patriarcharum,   mis.

Infans, sermo prophetarum,   mis.

Infans, desiderium gentium,   mis.

Infans, gaudium pastorum,   mis.

Infans, lumen magorum,   mis.

Infans, exemplar puerorum,   mis.

Infans, salus infantium,   mis.

Infans, primitiæ sanctorum,   mis.

Agnus Dei, qui tollis peccata mundi, parce nobis, infans Jesu.

Agnus Dei, qui tollis peccata mundi, exaudi nos, infans Jesu.

Agnus Dei, qui tollis peccata mundi, miserere nobis, infans Jesu.

Jesu infans, audi nos.

Jesu infans, exaudi nos.

PSAUME 112.

Laudate, pueri, Dominum : * laudate nomen Domini.

Sit nomen Domini benedictum, * ex hoc nunc et usque in sæculum.

A solis ortu usque ad occasum, * laudabile nomen Domini.

Excelsus super omnes gentes Dominus, * et super cœlos gloria ejus.

Quis sicut Dominus Deus noster, qui in altis habitat, * et humilia respicit in cœlo et in terra ?

Suscitans a terra inopem, * et de stercore erigens pauperem.

Ut collocet eum cum principibus, * cum principibus populi sui.

Qui habitare facit sterilem in domo : * matrem filiorum lætantem.

Gloria Patri, etc.

PSAUME 118.

Beati immaculati in via : * qui ambulant in lege Domini.

Beati qui scrutantur testimonia ëjus: * in toto corde exquirunt eum.

Non enim qui operantur iniquitatem, * in viis ejus ambulaverunt.

Tu mandasti * mandata tua custodiri nimis.

Utinam dirigantur viæ meæ, * ad custodiendas justificationes tuas.

Tunc non confundar, * cum perspexero in omnibus mandatis tuis.

Confitebor tibi in directione cordis, * in eo quod didici judicia justitiæ tuæ.

Justificationes tuas custodiam : * non me derelinquas usquequaque.

In quo corrigit adolescentior viam suam ? * in custodiendo sermones tuos.

In toto corde meo exquisivi te : * ne repellas me a mandatis tuis.

In corde meo abscondi eloquia tua, * ut non peccem tibi.

Benedictus es, Domine : * doce me justificationes tuas.

In labiis meis, * pronuntiavi omnia judicia oris tui.

In via testimoniorum tuorum delectatus sum, * sicut in omnibus divitiis.

In mandatis tuis exercebor : * et considerabo vias tuas.

In justificationibus tuis meditabor : * non obliviscar sermones tuos.

Gloria Patri, etc.

PSAUME 25.

Lavabo inter innocentes manus meas : * et circumdabo altare tuum, Domine ;

Ut audiam vocem laudis, * et enarrem universa mirabilia tua.

Domine, dilexi decorem domus tuæ, * et locum habitationis gloriæ tuæ.

Ne perdas cum impiis, Deus, animam meam,
* et cum viris sanguinum vitam meam.

In quorum manibus iniquitates sunt : * dextera eorum repleta est muneribus.

Ego autem in innocentia mea ingressus sum :
* redime me et miserere mei.

Pes meus stetit in directo : * in ecclesiis benedicam te, Domine.

Gloria Patri, etc.

HYMNE.

Ave, maris stella,
Dei Mater alma,
Atque semper virgo,
Felix cœli porta.

Sumens illud Ave,
Gabrielis ore,
Funda nos in pace,
Mutans Evæ nomen.

Solve vincla reis,
Profer lumen cæcis,
Mala nostra pelle,
Bona cuncta posce.

Monstra te esse matrem;
Sumat per te preces
Qui pro nobis natus
Tulit esse tuus.

Virgo singularis,
Inter omnes mitis,
Nos culpis solutos
Mites fac et castos.

Vitam præsta puram,
Iter para tutum,
Ut videntes Jesum
Semper collætemur.

Sit laus Deo Patri,
Summo Christo decus,
Spiritui sancto,
Tribus honor unus. Amen.

℣. Diffusa est gratia in labiis tuis.
℟. Propterea benedixit te Deus in æternum.

FORMULE DE LA BÉNÉDICTION DES ENFANTS.

℣. Adjutorium nostrum in nomine Domini.
℟. Qui fecit cœlum et terram.
℣. Dominus vobiscum.
℟. Et cum spiritu tuo.

OREMUS.

Quæsumus, omnipotens Deus, pueris istis, pro quibus tuam deprecamur clementiam, bene † dicere dignare, et per virtutem sancti Spiritus corda eorum corrobora, vitam sanctifica, castimoniam promove, sensus eorum bonis operibus unice intentos custodi, prospera tribue, pacem concede, salutem confer, charitatem largire, et ab omnibus diabolicis atque humanis insidiis tua protectione et virtute semper defende; ut, te miserante, paradisi requiem tandem feliciter assequantur. Per Dominum nostrum Jesum Christum Filium tuum.

℟. Amen.

OREMUS.

Domine Jesu Christe, qui parvulos tibi oblatos, et ad te venientes, complectebaris manusque super illos imponens, eis benedicebas dicens: Sinite parvulos venire ad me, et nolite prohibere eos: talium est enim regnum cœlorum, et angeli eorum semper vident faciem Patris mei; respice, quæsumus, ad puerorum et puellarum præsentium devotionem, et benedictio tua copiosa super illos descendat; ut in tua gratia et charitate proficiant, te sapiant, te diligant, te timeant, mandata tua custodiant, et ad exoptatum finem perveniant, per te, Salvator mundi, qui cum Patre et Spiritu sancto vivis et regnas, Deus, in sæcula sæculorum.

℟. Amen.

Benedictio Dei omnipotentis Patris † et Filii † et Spiritus † sancti descendat super vos, custodiat, atque dirigat vos et maneat semper vobiscum. Amen.

℣. Notre secours est dans le nom du Seigneur.

℟. Qui a fait le ciel et la terre.

℣. Que le Seigneur soit avec vous.

℟. Et avec votre esprit.

ORAISON.

Dieu tout-puissant, dont nous implorons la clémence pour ces enfants, daignez les bénir, et par la vertu de l'Esprit-Saint fortifiez leurs cœurs, sanctifiez leur vie; faites fleurir leur chasteté; appliquez et formez leurs mains aux bonnes œuvres; donnez-leur à tous la prospérité, la paix, le salut, la charité; que votre grâce et votre protection les défendent des piéges de l'enfer et du monde, et qu'enfin votre miséricorde les fasse parvenir au repos et à la félicité du paradis, par Notre-Seigneur Jésus-Christ. Ainsi soit-il.

ORAISON.

Seigneur (vous qui preniez dans vos bras les enfants qu'on vous offrait ou qui accouraient à vous; divin Jésus, qui les bénissiez et leur imposiez les mains en disant : Laissez les petits enfants venir à moi, ne les repoussez pas; mon royaume est pour ceux qui leur ressemblent, et leurs anges voient mon Père dans l'éternité). Ah! daignez jeter les yeux sur ceux que leur piété réunit dans cette enceinte! Que l'abondance de vos bénédictions se répande sur eux; qu'ils grandissent dans votre grâce et votre charité; qu'ils vous goûtent, vous aiment et vous craignent; qu'ils observent fidèlement vos commandements pour obtenir une fin bienheureuse par vos mérites, aimable Sauveur, qui vivez avec le Père et le Saint-Esprit dans les siècles des siècles. Ainsi soit-il.

Que la bénédiction du Dieu tout-puissant, †Père, † Fils et † Saint-Esprit, descende sur vous, qu'elle vous garde, vous dirige et demeure toujours avec vous! Ainsi soit-il.

PRIÈRES DES ASSOCIÉS POUR CHAQUE JOUR.

A L'ENFANT JÉSUS.

O Jésus enfant, qui avez voulu être sauvé par les soins de Joseph et de Marie du massacre des innocents, et compenser pour ces tendres martyrs la perte d'une vie temporelle par le don de la vie éternelle; Jésus, ami des enfants, recevez avec bonté, bénissez et sanctifiez des enfants qui se dévouent et se consacrent à votre Sainte-Enfance, pour devenir, à votre exemple, et sous la protection de Marie et de Joseph, les sauveurs des pauvres petits enfants infidèles. Ainsi soit-il.

A MARIE.

Je vous salue, Marie, pleine de grâces; le Seigneur est avec vous; vous êtes bénie entre toutes les femmes, et Jésus le fruit de vos entrailles est béni.

Sainte Marie, mère de Dieu, priez pour nous pauvres pécheurs, maintenant et à l'heure de notre mort. Ainsi soit-il.

INVOCATION.

Vierge Marie et saint Joseph, priez pour nous et pour les pauvres petits enfants infidèles.

FIN.

TABLE DES MATIÈRES.

———

APPROBATIONS 4
AUX ASSOCIÉS DE LA SAINTE-ENFANCE. 5
Pour l'ouverture de la fête. 7
Les enfants infidèles aux enfants chrétiens . . . 8
A Jésus. 10
A Marie. 12
A saint Joseph. 13
L'ange gardien. 15
Aux saints Innocents. 17
Le Pater. 19
A l'Esprit-Saint 20
Pour l'offrande des layettes. 21
Pour l'élection des parrains et marraines. . . . 23
Pour la bénédiction des enfants. 25
La gerbe de Ruth. 27
Pendant la quête. 28
La médaille de la Sainte-Enfance. 30
La bannière de la Sainte-Enfance 32
Les enfants de la France aux enfants de la Chine. 34
Les enfants de la Chine. (Prière). 36
La voix intérieure 37
Pour une loterie 39
Litanies de l'Enfant-Jésus. 41
Psaumes. 44
Ave, Maris stella. 47
Formule de la bénédiction des enfants. 48
Prières des associés pour chaque jour. 52

TABLE DES AIRS

LAMBILLOTTE. — *CHANTS A MARIE.*
1re PARTIE.

Pages. N^{os}

Au Saint-Esprit (air : *Chant de saint Casimir.*) .   64
Les Enfants de la France aux Enfants de la Chine
  (air : *Inviolata.*) . . , ...   171

LAMBILLOTTE. — *CHANTS A MARIE.*
2e PARTIE.

Aux Saints Innocents (air : *O Mois heureux.*) .   8   4
Pour l'ouverture (air : *Tout s'anime dans la nature.*)   12   6
La gerbe de Ruth (air : *Ses Titres.*)   20   10
Pour une loterie (air : *Tendre Mère.*)   70   35
Le *Pater* (air : *O Marie, un profond silence.*) .   34   17
Pour l'élection des parrains et des marraines (air :
  Notre Patronne.)   38   19
Pendant la quête (air : *Ton fils repose dans mon
  âme.*)   72   36
La médaille (air : *Vous êtes notre Espérance.*) .   76   38
A Marie (air : *La sainte Paix.*)   110   55
A saint Joseph (air : *O saints Anges.*)   112   56

LAMBILLOTTE. — *CHOIX DE CANTIQUES
SUR DES AIRS NOUVEAUX POUR TOUTES LES FÊTES
DE L'ANNÉE.*

Pour la Bénédiction des enfants (air : *Au saint
  Berceau*)   12   5
La voix intérieure (air : *Invocation à Marie.*) .   114   46
A Jésus (air : *Chant de Reconnaissance.*)   262   107
La bannière (air : *La Reconnaissance.*)   270   110
L'Ange gardien (air : *Cantique pour l'Avent.*)   424   177

www.ingramcontent.com/pod-product-compliance
Lightning Source LLC
LaVergne TN
LVHW050303090426
835511LV00039B/1312